essentials

Essentials liefern aktuelles Wissen in konzentrierter Form. Die Essenz dessen, worauf es als „State-of-the-Art" in der gegenwärtigen Fachdiskussion oder in der Praxis ankommt. Essentials informieren schnell, unkompliziert und verständlich – als Einführung in ein aktuelles Thema aus Ihrem Fachgebiet – als Einstieg in ein für Sie noch unbekanntes Themenfeld – als Einblick, um zum Thema mitreden zu können. Die Bücher in elektronischer und gedruckter Form bringen das Expertenwissen von Springer-Fachautoren kompakt zur Darstellung. Sie sind besonders für die Nutzung als eBook auf Tablet-PCs, eBook-Readern und Smartphones geeignet. Essentials: Wissensbausteine aus Wirtschaft und Gesellschaft, Medizin, Psychologie und Gesundheitsberufen, Technik und Naturwissenschaften. Von renommierten Autoren der Verlagsmarken Springer Gabler, Springer VS, Springer Medizin, Springer Spektrum, Springer Vieweg und Springer Psychologie.

Peter Thilo Hasler

Anleihen von Fußballunternehmen in Deutschland

Finanzierung im Spannungsfeld von emotionaler Bindung und Rendite

2., aktualisierte Auflage

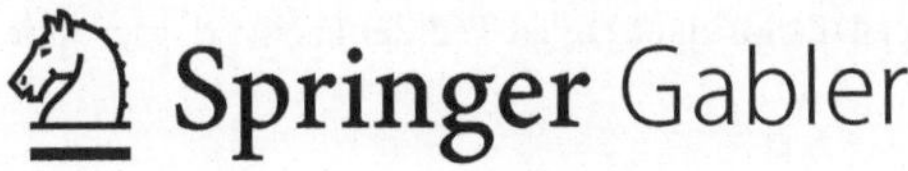

Peter Thilo Hasler
Sphene Capital GmbH
München, Deutschland

ISSN 2197-6708   ISSN 2197-6716 (electronic)
ISBN 978-3-658-06099-2   ISBN 978-3-658-06100-5 (eBook)
DOI 10.1007/978-3-658-06100-5

Die Deutsche Nationalbibliothek verzeichnet diese Publikation in der Deutschen Natio-
nalbibliografie; detaillierte bibliografische Daten sind im Internet über http://dnb.d-nb.de
abrufbar.

Springer Gabler
© Springer Fachmedien Wiesbaden 2014 (1. Auflage), 2014 (2. Auflage)

Gedruckt auf säurefreiem und chlorfrei gebleichtem Papier

Springer Gabler ist eine Marke von Springer DE. Springer DE ist Teil der Fachverlagsgruppe
Springer Science+Business Media
www.springer-gabler.de

Vorwort

In der Saison 2001/2002 knackten die 18 Vereine der ersten Bundesliga erstmals die 1-Mrd.-Euro-Umsatzgrenze. Nur zehn Jahre später übertrafen die Einnahmen der 18 Erstligisten bereits die 2-Mrd.-Euro-Schwelle. Da die Ausgaben der Vereine, insbesondere für Ablösen und Spielergehälter, eine vergleichbare Entwicklung nahmen, hat sich die Ertragslage der Vereine – wenn überhaupt – nicht sonderlich verbessert. Um trotzdem die angestrebten, betragsmäßig häufig erheblichen Investitionsziele realisieren zu können, greifen Fußballunternehmen immer häufiger auf Fan- oder Mittelstandsanleihen zurück. Durch sie kann die Unabhängigkeit von den Hausbanken gestärkt werden, ohne dass Änderungen des Gesellschafterkreises hingenommen werden müssen, was angesichts der regulatorischen Eingriffe des Deutschen Fußballbundes – Stichwort 50 + 1-Klausel – einen willkommenen Nebeneffekt der Fremdfinanzierung darstellt.

Der vorliegende, nun bereits in zweiter, aktualisierter Auflage vorliegende Band wurde von meinem Beitrag in dem von Prof. Markus A. Launer, Martin Wilhelm und mir herausgegebenen Sammelband „Praxishandbuch Debt Relations" inspiriert. Die Ausführungen fassen zwar die Grundstrukturen des Beitrags zusammen, legen jedoch einen anderen Schwerpunkt und gehen zudem inhaltlich stärker ins Detail. Im Anhang befindet sich eine ausführliche Literaturliste zum erweiterten Themenkreis.

Mein Dank gilt allen Vereinsvertretern, Sportinsidern und Journalisten, von deren Informationen und Inspirationen ich profitieren durfte, dem Verlag Springer Gabler für die Möglichkeit, an der neuen vorliegenden Buchreihe „Springer Essentials" teilzunehmen, sowie, last but not least, meiner Familie.

München, im Juli 2014   Peter Thilo Hasler

Inhaltsverzeichnis

1 Die Finanzierung von Fußballunternehmen 1

2 Die Stellung von Fußballanleihen im Finanzierungsmix von
   Fußballunternehmen 5
   2.1 Anleihebedingungen und Termsheet 5
   2.2 Der Wertpapierprospekt 6
   2.3 Das Rating 9
   2.4 Covenants 12

3 Klassische Fananleihen 15
   3.1 Verzicht auf Börsennotierung 16
   3.2 Verzicht auf Rating 17
   3.3 Verzicht auf Covenants 18
   3.4 Die Vermarktung von Fananleihen 18
   3.5 Zeichnung und technische Abwicklung von Fananleihen 20
   3.6 Mittelverwendung von Fananleihen 21
   3.7 Schmuckanleihen 22
   3.8 Insolvenzen von Fananleihen 24

4 Fußball-Mittelstandsanleihen 27
   4.1 Verpflichtung zu regelmäßigem Rating 30
   4.2 Quasi Ad-hoc-Pflicht und Debt Relations 30
   4.3 Mitwirkung eines Kapitalmarktberaters 31

5 Fazit 35

Literatur 37

Die Finanzierung von Fußballunternehmen 1

Nach wie vor basiert die langfristige Finanzierung von Fußballvereinen, die sich hinsichtlich ihrer Unternehmensgröße oder ihres Jahresumsatzes problemlos mit Unternehmen des klassischen Mittelstands vergleichen lassen können und die unabhängig von ihrer Rechtsform nicht nur in den professionellen Ligen von ökonomischen Zielfunktionen geleitet sind, zum überwiegenden Teil auf dem klassischen Hausbankenkredit: Mehr als die Hälfte des Fremdfinanzierungsvolumens im deutschen Lizenzfußball entstammten in der Saison 2012/13 dieser Quelle – in den letzten Jahren allerdings mit rückläufiger Tendenz.[1]

Dies sollte verwundern, denn für den Bankenkredit spricht die hohe Flexibilität dieser Finanzierungsform: Der nominale Zinssatz kann fest oder variabel vereinbart werden, die Tilgung des Kredits kann als Einmalzahlung gegen Laufzeitende, als Ratentilgung über die Laufzeit oder als Kombination beider Verfahren erfolgen, Sicherheiten können gestellt und Covenants vereinbart werden – bei rein privatrechtlicher Vertragsgestaltung der beteiligten Parteien. Nicht zuletzt aufgrund der starken Stellung von Sparkassen und Landesbanken als öffentlich geförderten Anbietern von Fremdkapital waren alternative Finanzierungsformen für kleine und mittelständische Unternehmen – zu denen auch Fußballvereine zählen – sogar eine verhältnismäßig teure, mithin unnötige Finanzierungsalternative.

Den Kapitalmarkt als Finanzierungsquelle haben dementsprechend nur wenige deutsche Vereine in Anspruch genommen und wenn, dann mit – nimmt man den Börsengang von Borussia Dortmund im Jahr 2000 als Maßstab – eher gemischten Erfahrungen. An diesem, lange Jahre zementierten Zustand rütteln nun zunehmend die veränderten bankaufsichtsrechtlichen Eigenkapitalunterlegungsvorschriften für Banken und Sparkassen (Stichwort Basel III), die verschärfte Bonitätsprüfungen mit sich bringen, und eine risikodifferenzierte Eigenkapitalunterlegung, die von Banken eine kritischere Beurteilung von Unternehmen mit

---

[1] DFL Deutsche Fußball Liga (2013) S. 45.

P. T. Hasler, *Anleihen von Fußballunternehmen in Deutschland*, essentials,
DOI 10.1007/978-3-658-06100-5_1, © Springer Fachmedien Wiesbaden 2014

unbefriedigender Erfolgssituation und unzureichender Eigenkapitalausstattung verlangt. Also wird der klassische Hausbankenkredit für die Schuldner tendenziell unflexibler, knapper und teurer – und verliert so an Attraktivität.

Gleichzeitig sind von Fußballunternehmen immer häufiger Infrastrukturprojekte wie Leistungszentren und Stadionneu- oder umbauten zu finanzieren, deren finanzielle Absicherung durch die Innenfinanzierungskraft der Vereine allein nicht mehr möglich ist. Selbst wenn sich die operative Ertragskraft der Vereine in den letzten Jahren deutlich verbessert hat, Vereine in ihrer Gesamtheit regelmäßig Einnahmenüberschüsse erwirtschaftet haben, VIP- und Hospitality-Bereiche die Einnahmensituation stetig verbessern und Medienrechte insbesondere aus dem Pay-TV in den kommenden Jahren weiter überproportional steigen sollten, reichen diese für die Finanzierung von Großprojekten nicht aus (Abb. 1.1).

Obwohl sich also die Einnahmenseite auf Rekordniveau bewegt, wird die finanzielle Lage von den meisten Bundesligavereinen als anhaltend schwierig beschrieben[2]. Hinzu kommt, dass die wirtschaftlichen Erwartungen von Fußballvereinen, die diese im Vorfeld einer Saison äußern, regelmäßig enttäuscht werden. Dies liegt zum einen an einem relativ optimistischen Grundtenor unter den Fußballmanagern – auf Sicht von fünf Jahren rechnen aktuell nicht weniger als 85 % der Erst-, Zweit- und Drittligavereine mit steigenden Gesamteinnahmen[3] –, zum anderen scheint diese Tendenz umso ausgeprägter zu sein, je niedriger die Liga ist, in der ein Verein gerade spielt. Vor dem Hintergrund einer immer stärkeren Polarisierung des europäischen Profifußballs sehen sich daher viele Fußballunternehmen gezwungen, alternative Finanzierungsinstrumente einzusetzen, die ihnen zumindest einen vergleichbaren Finanzierungsrahmen zur Verfügung stellen wie Bankkredite.

Den Börsengang, auch als „Königsweg der Unternehmensfinanzierung" bezeichnet, hat hierzulande bislang erst ein Verein gewählt, Borussia Dortmund im Jahr 2000. Und auch der Einsatz bankalternativer Eigenkapital- oder Eigen-/Fremdkapitalhybride wie Mezzanine ist im Profifußball unüblich, wofür nicht zuletzt die 50 + 1-Regel gem. § 16c Nr. 2 der Satzung des Deutschen Fußballbundes (DFB) verantwortlich ist, die eine absolute Mehrheit von externen Investoren untersagt und vorschreibt, dass der Mutterverein immer auch der Mehrheitseigentümer derjenigen Tochtergesellschaft (z. B. einer Kapitalgesellschaft) sein muss, die zum Spielbetrieb zugelassen ist. Die Einwerbung von Eigenkapital, etwa durch einen Börsengang, kann daher nicht die bevorzugte Finanzierungsalternative eines Fußballunternehmens sein. Überlagert werden die gesetzlichen Rahmenbedingungen durch die überwiegend schlechten Erfahrungen von Borussia Dortmund an

---

[2] Vgl. z. B. Küting K-H/Strauß M (2011).

[3] Vgl. Ernst & Young (2013) Bälle, Tore und Finanzen X, Stuttgart, S. 14.

1.000 EUR	2008/2009	2009/2010	2010/2011	2011/2012	2012/13
Bundesliga Ertrag					
Spielertrag	363.401	379.285	411.164	440.846	469.336
Werbung	488.770	511.886	522.699	553.175	578.883
Mediale Verwertung	488.538	505.355	519.629	546.186	619.891
Transfer	140.305	106.354	195.498	209.826	155.030
Merchandising	69.910	73.857	79.326	93.813	120.346
Sonstiges	164.241	193.442	213.665	237.676	229.133
Gesamt	**1.715.165**	**1.770.179**	**1.941.981**	**2.081.522**	**2.172.619**
Bundesliga Aufwand					
Personal Spielbetrieb	678.226	750.075	780.853	787.661	847.474
Personal Handel/Verwaltung	87.106	94.960	93.505	109.826	127.230
Transfer	250.717	283.258	296.116	301.565	290.668
Spielbetrieb	263.588	284.253	301.565	329.663	321.622
Jugend/Amateure/Leistungsz entrum	55.012	66.183	70.859	76.790	79.295
Sonstiges	349.564	369.313	375.976	426.390	443.658
Gesamt	**1.684.213**	**1.848.042**	**1.918.874**	**2.031.895**	**2.109.947**
Ertrag	**30.952**	**-77.863**	**23.107**	**49.627**	**62.672**

Abb. 1.1 Die wirtschaftliche Lage von Bundesligavereinen. (Quelle: DFL Deutsche Fußball Liga GmbH)

der Börse, woraus gerade die grundsätzlich börsenfähigen Vereine wie FC Bayern München oder Schalke 04 erhebliche Vorbehalte gegenüber einem Börsengang abgeleitet haben.

Auf der Suche nach bankenunabhängigen Alternativen ist eine Reihe von Vereinen bei der Anleihe fündig geworden. Ähnlich dem Börsengang fließt dem Fußballunternehmen durch eine Anleihe ein relativ hoher Betrag an Finanzmitteln zu, über den dieser über einen vorab fixierten Zeitraum zu festgelegten Konditionen verfügen kann. Besser noch: Im Grunde kann ein Verein die Anleihebedingungen und damit die Voraussetzungen, zu denen er gewillt ist, Fremdkapital aufzunehmen, selbst bestimmen. Da Anleihegläubiger nicht am Eigenkapital des Emittenten beteiligt sind, stehen ihnen keine Einflussmöglichkeiten auf die sportliche und operative Entwicklung des Vereins zu, wodurch seine Einwerbung auch nicht in Konflikt mit der 50 + 1-Regelung des DFB steht.

Die Stellung von Fußballanleihen im Finanzierungsmix von Fußballunternehmen 2

Anleihen sind bereits seit Jahrhunderten ein probates Mittel der langfristigen Refinanzierung von Unternehmen. Im Gegensatz zum klassischen Bankkredit sind Anleihen in der Regel unbesichert und weisen mit fünf bis zehn Jahren längere Laufzeiten auf. Auch strengen financial Covenants wie beim Bankkredit muss sich der Emittent nur selten unterwerfen, wohl aber qualitativen Covenants, die das Management in seinem Gestaltungsspielraum indes kaum einschränken. Die Tilgung der Anleihe erfolgt meist erst mit Endfälligkeit, während bei Bankkrediten die Amortisierung während der Laufzeit die Regel ist. Weitere Unterschiede zum Bankkredit ergeben sich aus den Anleihebedingungen, dem Wertpapierprospekt, dem Rating und den Covenants. Ihre Charakteristika, Ausstattungs- und Abgrenzungsmerkmale werden zum Verständnis der Fußballanleihen im Folgenden kurz zusammengefasst.

2.1 Anleihebedingungen und Termsheet

Die Anleihebedingungen legen das Rechtsverhältnis zwischen dem Emittenten einer Anleihe und seinen Gläubigern fest. Aus diesen lassen sich die den Anlegern zustehenden Zahlungsansprüche (auf Zins- und Rückzahlung) und – sofern vorhanden – weitere Verhaltens- oder Unterlassungspflichten des Emittenten ablesen. In den Anleihebedingungen werden also sämtliche, für die Einschätzung einer Anleihe relevanten Charakteristika beschrieben. Sie sind während der Laufzeit der Anleihe für alle Anleger bindend und können nur durch gleich lautenden Vertrag mit allen Gläubigern (Einstimmigkeitsprinzip) oder durch einen zustimmenden Mehrheitsbeschluss der Gläubiger (Mehrheitsprinzip) geändert werden. Die Anleihebedingungen sind für zudem alle Anleger gleich, was bilaterale Änderungen

P. T. Hasler, *Anleihen von Fußballunternehmen in Deutschland*, essentials, DOI 10.1007/978-3-658-06100-5_2, © Springer Fachmedien Wiesbaden 2014

zwischen dem Emittenten und einzelnen Gläubigern nicht zulässig macht. Selbst nachdem Änderungen von Anleihebedingungen vorgenommen wurden, dürfen einzelne Gläubiger nicht benachteiligt werden.

Da Anleihebedingungen gewissermaßen die allgemeinen Geschäftsbedingungen einer Anleihe darstellen, gilt für ihre Ausgestaltung die grundsätzliche Vertragsfreiheit einer Privatwirtschaft. Da überraschende Klauseln sowie den Anleger unangemessen benachteiligende Regelungen ohnehin rechtlich nicht zulässig sind, haben sich in der Praxis einige Merkmale herausgebildet, die an den Kapitalmärkten Standardfunktionen eingenommen haben.

Die typischen Bedingungen für eine Unternehmensanleihe bestehen aus folgenden Bestandteilen:[1]

- Nennbetrag der Anleihe, Stückelung, Ausgestaltung und Verbriefung;
- Status bzw. Rang der Forderungen aus der Schuldverschreibung;
- Status bzw. Rang von Besicherungen;
- Negativ- bzw. Positivverpflichtung;
- Zinsklauseln;
- Vorzeitige Rückzahlung der Anleihe (Call);
- Vorzeitige Sonderkündigungsrechte der Anleihegläubiger (Put);
- Covenants;
- Möglichkeiten des Emittenten zur Aufstockung der Anleihe;
- Regelungen zur Änderung der Anleihebedingungen oder der Restrukturierung der Anleihe durch Mehrheitsbeschluss der Anleihegläubiger;
- Bestellung eines gemeinsamen Vertreters gemäß SchVG.

Anleihebedingungen sind zur Gänze im Wertpapierprospekt (siehe folgendes Kapitel) wiederzugeben. Aus Vermarktungsgründen – der Wertpapierprospekt umfasst nicht selten mehrere hundert Seiten – werden die Anleihebedingungen zusätzlich häufig in sogenannten Termsheets wie dem folgenden zusammengefasst (Abb. 2.1):

2.2 Der Wertpapierprospekt

Auch wenn Fußballanleihen meist nur die unmittelbaren Anhänger des Vereins adressieren, ist der Emittent zur Erstellung und Veröffentlichung eines Wertpapierprospekts verpflichtet. Dieser ist nach dem Wertpapierprospektgesetz (WpPG)

---

[1] Vgl. bspw. Hasler P T (2013) Unternehmensanleihen simplified, München, Finanzbuchverlag.

Emittent	Fußballclub Gelsenkirchen-Schalke04 e.V.
Wertpapiergattung	Anleihe
ISIN / WKN Schuldverschreibung	DE000A1ML4T7/ A1ML4T
Börsenkürzel	5S04
Rating (Creditreform)	BB
Emissionsvolumen (EUR)	Nominale bis zu 50.000.000
Stückelung (EUR)	Nominale 1.000,00
Dokumentation	Stand alone
Start Privatplatzierung	15. Mai 2012
Ende Privatplatzierung	10. Mai 2013 (vorzeitige Schließung vorbehalten)
Öffentliches Angebot	In Deutschland, Österreich, Luxemburg
Ausgabepreis (%)	100,00
Rückzahlungsbetrag (%)	100,00
Kupon (%)	6,75
Zinszahlung	Jährlich
Erste Zinszahlung	11. Juli 2013
Rückzahlungstag	11. Juli 2019
Notierung	Entry Standard für Anleihen (Frankfurter Wertpapierbörse)
Zahlstelle	Bankhaus NeelmeyerAG
Joint-Lead Manager	equinetBank AG
Gründe für dasAngebot	Umfinanzierung von Verbindlichkeiten, u. a. zur Rückführung ausstehender Darlehen und der im Jahr 2003 begebenen Anleihen
Rang, Besicherung	nicht nachrangig, unbesichert
Vorzeitige Kündigung bei einem Kontrollwechsel (Gläubiger)	-
Negativverpflichtung (Emittentin)	Keine Bestellung von Sicherheiten zur Besicherung von Kapitalmarktverbindlichkeiten
Drittverzug (Emittentin)	Bei Nichtzahlung von Kreditaufnahmen
Besteuerung (Emittentin)	Taxgross-up,Kündigungsrecht

Abb. 2.1 Termsheet am Beispiel der FC Schalke 04-Anleihe (Quelle: Unternehmensangaben, eigene Zusammenstellung)

immer dann zu veröffentlichen, wenn eine Anleihe öffentlich angeboten werden soll[2], so wie dies bei Platzierungen über die Börse der Fall ist.

---

[2] § 3 Abs. 1 WpPG.

Der Wertpapierprospekt ist das zentrale rechtliche Dokument einer Anleihe-emission. In diesem sind alle Angaben zum Geschäftsmodell, zum Markt und Wettbewerb, zum Wertpapier selbst und insbesondere zu den mit der Anleihe bzw. dem Emittenten verbundenen Risiken aufzuführen. Gerade Erstemittenten – zu denen Fußballunternehmen überwiegend zählen – bietet der Wertpapierprospekt eine gelungene Möglichkeit, Unternehmen und Anleihe dem Kapitalmarkt vor-zustellen. Ungeachtet dessen besteht für den Verein das zentrale Motiv für seine Erstellung in einer zivilrechtlichen Haftungsfreizeichnung. Hat ein Emittent näm-lich alle wesentlichen Angaben vollständig und richtig in den Wertpapierprospekt aufgenommen und insbesondere auf sämtliche Risiken ordnungsgemäß und voll-ständig hingewiesen, laufen etwaige Schadensersatzansprüche von Zeichnern aus der Prospekthaftung ins Leere.

Bei Fananleihen umfasst der Wertpapierprospekt gewöhnlich zwischen 100 und 200 Seiten. Der Inhalt des Wertpapierprospekts ist gesetzlich vorgeschrieben. Von besonderer Bedeutung sind folgende Themenblöcke:

- die Zusammenfassung des Dokumentes auf den ersten Seiten des Prospekts;
- die strukturierte Darstellung des Geschäftsmodells des Emittenten inklusive der strategischen Ausrichtung, den Alleinstellungsmerkmalen und Wettbewerbs-stärken;
- die Darstellung der mit dem Anleiheerwerb verbundenen Risiken, bestehend aus den Risiken des Emittenten, des Marktumfelds und spezifischen Risiken aus der Anleihe selbst; insbesondere rechtliche, steuerliche und technische Risiken, aber auch gesetzliche und regulatorische Rahmenbedingungen, Patente und Lizenzen, Abhängigkeiten von einzelnen Personen und Unwägbarkeiten aus der Finanzierung des Geschäftsbetriebs;
- Beschreibung der Schuldverschreibung und des Angebots selbst, insbeson-dere Laufzeit, Verzinsung, Ausgabe- und Rückzahlungsbetrag sowie Wäh-rung, aber auch Covenants, Besicherungen und Gründe für die Emission (Mittelverwendung);
- die umfängliche Darstellung der Entwicklung der Finanz-, Vermögens- und Ertragslage, in dem die letzten beiden Konzernjahresabschlüsse in testierter Form aufzunehmen sind, die sogenannten F-Pages, die deswegen so heißen, weil sie meist mit einer eigenständigen Nummerierung (beginnend mit F-1) am Ende des Prospekts abgedruckt werden.

Darüber hinaus enthält der Prospekt die Anleihebedingungen, eine Darstel-lung des Emittenten (insbesondere seiner Organe, des Organigramms und der Geschäftstätigkeit) sowie bestimmte steuerliche Hinweise.

Der Prospekterstellung voraus geht eine intensive Legal Due Diligence, in der die internen und externen Rechtsverhältnisse des emittierenden Unternehmens – zu denen auch eventuelle Verbindungen zu nahestehenden Personen zählen – überprüft werden. Der Prospekt wird abschließend von der Bundesanstalt für Finanzdienstleistungsaufsicht BaFin auf Vollständigkeit, Lesbarkeit und innerer Widerspruchsfreiheit – nicht aber auf deren inhaltliche Richtigkeit – geprüft und anschließend gebilligt. Nach der anschließenden Veröffentlichung des Wertpapierprospekts kann sich für den Emittenten eine Pflicht zur Veröffentlichung eines Nachtrags zum Prospekt entstehen, insbesondere dann, wenn sich ein neuer, wichtiger Umstand oder eine wesentliche Unrichtigkeit in Bezug auf die im Prospekt enthaltenen Angaben ergeben hat. Derartige Aktualisierungen des Wertpapierprospekts sind auf der Homepage durch separate Nachträge zu veröffentlichen.

2.3 Das Rating

Zentrale Aufgabe des ca. sechswöchigen Ratingprozesses ist es, eine standardisierte und weitgehend objektive Aussage über die zukünftige Fähigkeit und rechtliche Verpflichtung des bewerteten Fußballvereins zur termingerechten und vollständigen Erfüllung aller vertragsmäßigen Pflichten, insbesondere also Zins- und Tilgungszahlungen, zu treffen, um damit die langfristige Bestandssicherheit des Unternehmens zu beurteilen. Ratingagenturen erstellen Ratings üblicherweise anhand einer Top-Down-Analyse, d. h. die Bewertung eines Emittenten basiert – in dieser Reihenfolge – auf einer Länder-, Branchen- und Unternehmensanalyse. In allen drei Ebenen kommen sowohl qualitativ-subjektive als auch statistisch-quantitative Merkmale zum Einsatz, wobei die Bedeutung letzterer für das Gesamtrating überwiegt.

Die größten und bekanntesten Ratingagenturen sind die drei US-amerikanischen Ratingagenturen Standard & Poor's (gegründet 1916), eine Tochter des Medienkonzerns McGraw-Hill, die börsennotierte Moody's (gegründet 1909) und Fitch Ratings (gegründet 1924), Tochter des französischen Finanzdienstleisters Fimalac-Holding sowie der Hearst Corporation. Zusammen kommen sie auf etwa 95 % Weltmarktanteil aller erstellten Unternehmens- und Anleihe-Ratings. Die drei Agenturen können auf umfangreiche Datenbanken und ein internationales Netzwerk zurückgreifen, so dass ihr Urteil bei den institutionellen Investoren von erheblicher Bedeutung ist.

Bei deutschen Fußballanleihen sind die globalen Ratingagenturen bislang jedoch nicht in Erscheinung getreten, was insbesondere daran liegt, dass es ihnen an geeigneten Benchmark-Größen für das Rating nichtbörsennotierter deutscher mittelständischer Unternehmen fehlt. Ihren Platz hat stattdessen eine Reihe deutscher Ratingagenturen eingenommen, deren prominentesten die Creditreform Rating AG aus Neuss, die Euler Hermes Rating GmbH aus Hamburg und die Scope Holding GmbH aus Berlin sind.[3]

Das Rating wird durch ein verständliches Buchstaben- bzw. Zahlensymbol operationalisiert und gegebenenfalls zur weiteren Differenzierung mit einem Tendenzzeichen versehen: Bei S&P wird der Buchstabencode mit einem Plus- oder Minuszeichen ergänzt, bei Moody's durch den Zahlenzusatz 1, 2 oder 3. Nur die höchste und die beiden niedrigsten Ratingkategorien werden ohne eine solche Tendenz angegeben. Darüber hinaus versehen die Ratingagenturen ihre Bewertung mit einem positiven, stabilen oder negativen Ausblick, der einen Hinweis darauf geben soll, in welche Richtung sich das Rating beim nächsten Update verändern könnte.

Die Buchstabensymbole lassen sich grundsätzlich in zwei Gruppen zusammenfassen:

- Anleihen der höchsten vier Kategorien, also mit einem Rating von nicht schlechter als BBB- bzw. Baa3, werden als Investment- oder High-Grade bezeichnet. Unternehmen oder Staaten mit dieser Zensur wird eine zumindest angemessene Deckung von Zins und Tilgung attestiert. Die Ratingagenturen gehen davon aus, dass diese Emittenten über ein ausreichendes Liquiditätspolster verfügen und selbst dann noch ihren Verpflichtungen nachkommen können, wenn sich die Einnahmensituation etwa im Fall eines Abstiegs verschlechtern sollte. Zwar bedeutet ein AAA-Rating nicht, dass ein Emittent nicht ausfallen kann, jedoch ist die Wahrscheinlichkeit eines Ausfalls bei einer AAA-Anleihe (theoretisch) geringer als bei einer mit AA gerateten Anleihe.
- Anleihen der untersten fünf Kategorien, also mit einem Rating schlechter als BBB- oder Baa3, werden als Sub-Investment-Grade-, Speculative-Grade- oder High-Yield-Anleihen, seltener auch als Junk Bonds, wörtlich Schrottanleihen, bezeichnet. Sie sind durch ein höheres Ausfallrisiko gekennzeichnet, da die Emittenten zwar noch ihre Kredite verzinsen und zurückzahlen können, jedoch nur, wenn sich die Konjunktur nicht nachhaltig und nennenswert verschlechtert. Je nach Bonität können Änderungen im Umfeld des Emittenten finanzielle Probleme auslösen, die eine Zins- oder Tilgungszahlung erschweren können. Im Extremfall können ausstehende Verbindlichkeiten nur dann bedient werden, wenn der Emittent selbst wieder Anschlusskredite erhält – womit sie bei strenger Auslegung bereits überschuldet sind (Abb. 2.2).

---

[3] Die vollständige Liste aller in Europa registrierten Ratingagenturen findet man auf den Internetseiten der European Securities and Markets Authority (ESMA) unter www.esma.europa.eu.

<table>
<tr><th></th><th colspan="6">Ratingagenturen und Ratingklassen</th><th rowspan="2">Bonitätseinstufung / Klassenbeschreibung</th></tr>
<tr><th></th><th>Moody's</th><th>S&P</th><th>Fitch</th><th>Credit-reform</th><th>Euler Hermes</th><th>Scope</th></tr>
<tr><td rowspan="10">Investment Grade</td><td>Aaa</td><td colspan="3">AAA</td><td></td><td></td><td>Sehr gut, höchste Bonität
Praktisch kein Ausfallrisiko</td></tr>
<tr><td>Aa1</td><td colspan="3">AA+</td><td></td><td></td><td rowspan="3">Sehr gute bis gute Bonität
Hohe Zahlungswahrscheinlichkeit</td></tr>
<tr><td>Aa2</td><td colspan="3">AA</td><td></td><td></td></tr>
<tr><td>Aa3</td><td colspan="3">AA-</td><td></td><td></td></tr>
<tr><td>A1</td><td colspan="3">A+</td><td></td><td></td><td rowspan="3">Gute bis befriedigende Bonität
Angemessene Deckung von Zins und Tilgung
Viele gute Investmentattribute, aber auch Elemente, die sich bei Veränderung der wirtschaftlichen Lage negativ auswirken können</td></tr>
<tr><td>A2</td><td colspan="3">A</td><td></td><td></td></tr>
<tr><td>A3</td><td colspan="3">A-</td><td></td><td></td></tr>
<tr><td>Baa1</td><td colspan="3">BBB+</td><td></td><td></td><td rowspan="3">Befriedigende Bonität
Angemessene Deckung von Zins und Tilgung
Spekulative Charakteristika oder mangelnder Schutz gegen wirtschaftliche Veränderungen</td></tr>
<tr><td>Baa2</td><td colspan="3">BBB</td><td></td><td></td></tr>
<tr><td>Baa3</td><td colspan="3">BBB-</td><td></td><td></td></tr>
<tr><td rowspan="13">Speculative Grade</td><td>Ba1</td><td colspan="3">BB+</td><td></td><td></td><td rowspan="3">Ausreichende Bonität
Sehr mäßige Deckung von Zins und Tilgung, auch in gutem wirtschaftlichen Umfeld</td></tr>
<tr><td>Ba2</td><td colspan="3">BB</td><td></td><td></td></tr>
<tr><td>Ba3</td><td colspan="3">BB-</td><td></td><td></td></tr>
<tr><td>B1</td><td colspan="3">B+</td><td></td><td></td><td rowspan="3">Mangelhafte Bonität
Geringe Sicherung von Zins und Tilgung</td></tr>
<tr><td>B2</td><td colspan="3">B</td><td></td><td></td></tr>
<tr><td>B3</td><td colspan="3">B-</td><td></td><td></td></tr>
<tr><td>Caa1</td><td colspan="3">CCC+</td><td></td><td>CCC</td><td rowspan="3">Ungenügende Bonität
Niedrigste Qualität, geringster Anlegerschutz
Akute Gefahr eines Zahlungsverzugs</td></tr>
<tr><td>Caa2</td><td colspan="3">CCC</td><td></td><td>CC</td></tr>
<tr><td>Caa3</td><td colspan="3">CCC-</td><td></td><td>C</td></tr>
<tr><td>Ca</td><td colspan="3">CC</td><td></td><td>D</td><td>Default, Insolvenz des Emittenten</td></tr>
<tr><td></td><td colspan="2">C</td><td></td><td></td><td></td><td>Default</td></tr>
<tr><td></td><td>D</td><td>RD</td><td></td><td></td><td></td><td>Restricted Default (ohne Insolvenzverfahren) bzw. Default</td></tr>
<tr><td></td><td></td><td>D</td><td></td><td></td><td></td><td>Default (mit Insolvenzverfahren bzw. Geschäftsaufgabe)</td></tr>
</table>

Abb. 2.2 Ratingnoten und ihre Bedeutung. (Quelle: Ratingagenturen, eigene Zusammenfassung)

Jahre	1	2	3	4	5	6	7	8	9	10
AAA	0,00	0,03	0,14	0,26	0,38	0,50	0,56	0,66	0,72	0,79
BBB	0,25	0,70	1,19	1,80	2,43	3,05	3,59	4,14	4,68	5,22
CCC	27,39	36,79	47,12	45,21	47,64	48,72	49,72	50,61	51,88	52,88

Abb. 2.3 Globale durchschnittliche kumulierte Ausfallwahrscheinlichkeiten 1981–2010. (Quelle: Standard & Poor's 2013)

Die Buchstabenfolgen sind Symbole einer gemeinsamen Marktsprache, die weltweit akzeptiert und gesprochen wird. Anhand des Ratings kann das Risiko einer Anleihe schnell und einigermaßen zuverlässig überprüft werden. Eine Anleihe mit einem guten Rating sollte einen niedrigeren Kupon aufweisen als eine Anleihe mit einem schlechteren Rating.

Die Ratingsymbole geben zunächst eine eindimensionale und ordinale Reihenfolge an, mit der die Bonität der gerateten Anleihen gemessen wird. Für den Anleger erhält das Rating seine Bedeutung aus dem Zusammenhang zwischen Ratingnote und Ausfallquote bzw. Ausfallwahrscheinlichkeit, auch probability of default oder kurz PD genannt. Dabei kann beobachtet werden, dass das Niveau der Ausfallwahrscheinlichkeiten im Zeitablauf nicht konstant verläuft, sondern schwankt. Der Anleger kann sich also nicht darauf verlassen, dass die aktuelle Ausfallwahrscheinlichkeit einer Anleihe im Zeitablauf stabil bleibt. Entscheidend für die Qualität einer Ratingagentur ist daher, dass schlechtere Noten einer Ratingagentur tendenziell höhere Ausfallraten aufweisen als bessere. Die Stärke dieses Zusammenhangs kann allein durch eine Analyse der historischen Ausfallwahrscheinlichkeiten ermittelt werden.

In Abb. 2.3 werden die von Standard & Poor's ermittelten Ausfallwahrscheinlichkeiten jeder Rating-Stufe dargestellt. Zu erkennen ist der zeitliche Verlauf der Ausfälle von Unternehmen, die mit einem bestimmten Rating gestartet sind. Ein Unternehmen, das eine Anleihe mit einem anfänglichen Rating von BBB platzieren konnte, ist nach fünf Jahren mit einer Wahrscheinlichkeit von 2,43 % ausgefallen. Mit anderen Worten: Die statistische Wahrscheinlichkeit, dass eine Anleihe mit einem Rating von BBB nach drei Jahren nicht ausgefallen ist, liegt bei 100 % − 1,19 % = 98,81 %.

2.4 Covenants

Covenants, auf Deutsch etwa Kreditvereinbarungsklauseln, sind Bestimmungen in Anleiheverträgen, die die Interessen der Investoren schützen und den Anlegern zusätzliche Sicherheiten geben sollen. Ihre zentrale Zielsetzung ist, beim Schuldner ein Verhalten zu erwirken, das im Sinne des Gläubigers ist. Vom juristischen Standpunkt aus sind Covenants vertraglich vereinbarte Verhaltenspflichten, deren Nichteinhaltung einen Vertragsverstoß darstellt und damit den Gläubiger der Anleihe zur Kündigung des Kreditvertrages berechtigt.

Grundsätzlich sollten Covenants so festgelegt werden, dass Gläubiger bei ihrer Verletzung frühzeitig eine drohende Liquiditätskrise erkennen und entsprechende Gegenmaßnahmen einleiten können. Daneben können Covenants den Emittenten in ein Verhaltenskorsett schnüren, das ihm bestimme Handlungen untersagt, welche die Zinszahlungen oder Kredittilgung gefährden könnten. Insofern sind Covenants ein Glaubwürdigkeitssignal des Managements, sich stets im Sinne der Anleihegläubiger zu verhalten. Kein Wunder also, dass der Einfluss von Covenants auf die Platzierung von High-Yield-Bonds oder von Mittelstandsanleihen durch die jüngste Finanzmarktkrise deutlich zugenommen hat. Häufig kann erst durch die Gewährung von Covenants die Grundlage einer positiven Investitionsentscheidung gelegt werden.

Inhaltlich unterliegen Covenants allein der Schuldner-Gläubiger-Beziehung und können in einer Privatwirtschaft frei gestaltet werden. Dennoch hat sich in der Kapitalmarktpraxis eine Garnitur typischer Covenants herausgebildet, die für die Beurteilung von Anleihen von besonderer Bedeutung sind. Sie lassen sich unterscheiden in

- affirmative oder positive Covenants (Handlungspflichten), die den Schuldner zur Einhaltung bestimmter Zielvorgaben verpflichten,
- negative Covenants oder Unterlassungspflichten, die den Schuldner anhalten, bestimmte unternehmerische Entscheidungen zu unterlassen,
- informative Covenants (Information Undertakings), die den Schuldner zur Einhaltung bestimmter Informationspflichten anhalten, und
- financial Covenants, die den Schuldner zur Einhaltung bestimmter betriebswirtschaftlicher Kennzahlen verpflichten (Abb. 2.4).

Tendenziell sollten Covenants bei Fußballanleihen eine besonders große Bedeutung haben, da diese meist nicht über ein Bankenkonsortium (also als Fremdemission) begeben werden, sondern als Eigenemission (siehe Kap. 3). Eine Fremdemission bietet einem Emittenten im Bereich des Neuemissionsprozesses neben der Strukturierung der Anleihe und der Zurverfügungstellung von Kundenkontakten auch eine Reputationsleihe: Denn versäumt es das Bankensyndikat, grundlegende Risiken eines Emittenten zu identifizieren, die im Extremfall zu einem Ausfall der Anleihe führen können, nimmt die in der Regel langfristig ausgelegte Geschäftsbeziehung der Konsortialbanken zu ihren institutionellen Anlegern schweren Schaden. Effek-

Covenants			
Non-Financial oder General Covenants			Financial Covenants
Affirmative Covenants	Negative Covenants	Informative Covenants	
Einholung von Genehmigungen	Besicherungen	Jahresabschluss	Eigenkapital
Rechnungslegungs-vorschriften	Bürgschaften	Quartals- oder Zwischenberichte	Finanzverbindlichkeiten
Einhaltung von Versicherungspflichten	Ausschüttungen	Einhaltung der (Quasi-) Ad hoc-Pflicht	Ertragsentwicklung
Organschaftserklärungen	Mehrheit der Stimmrechte	Veröffentlichung von Ratings	Liquiditätslage
Einhaltung von Betriebsgenehmigungen	Verkauf von Unternehmensteilen	Pflege des Unternehmenskalenders	Cashflow

Abb. 2.4 Überblick über Covenants. (Quelle: Eigene Zusammenstellung)

tive Covenants im Bereich von Fußballanleihen können daher geeignet sein, die fehlende Reputationsleihe einer Eigenemission zu kompensieren.

Verweigert ein Emittent dagegen die Gewährung bestimmter Covenants, so sendet er ein deutliches Signal an seine Investoren – das allerdings richtig zu interpretieren ist: Lehnt der Emittent zum Beispiel einen Covenant zum Verschuldungsgrad ab, muss befürchtet werden, dass der Emittent diesen in der Folgezeit nachhaltig erhöhen wird. Um dieses Risiko zu kompensieren, werden Anleger einen höheren Bonitätsaufschlag fordern. Im Extremfall einer vollumfänglichen Covenants-Verweigerung könnte sich ein Investor außer Stande sehen, das zusätzliche Risiko verlässlich einzuschätzen, was die Platzierung der Anleihe erschweren oder unmöglich machen würde.

Klassische Fananleihen 3

Fußballanleihen kommen in Deutschland in zwei Ausprägungen vor: Als klassische Fananleihe (Kap. 3) und als Mittelstandsanleihe (Kap. 4).

Primäre Zielinvestoren von Fananleihen sind, wie die Begrifflichkeit bereits suggeriert, die treuesten Anhänger des Vereins. Eine gezielte, direkte Ansprache institutioneller Investoren wie Fondsmanager und Kapitalsammelstellen, aber auch von unabhängigen Vermögensverwaltern oder Family Offices, findet bei der Platzierung von Fananleihen nicht statt. Auch Privatinvestoren, die nicht zum erweiterten Fanumfeld zählen, werden im Grunde genommen nicht adressiert. Das platzierbare Anleihevolumen ist damit unmittelbar von der Zahl und der Zahlungsbereitschaft der Fans abhängig. Die Zahl der Fans könnte durch die Vereinsmitglieder, die durchschnittliche Zahl der Besucher bei Heimspielen und die Zahl der Facebook Likes (Stand April 2014) approximiert werden.

Bemerkenswert ist, dass von den aus Abb. 3.1 für die Begebung einer Anleihe naheliegenden Vereinen – abgesehen von Schalke 04 und dem Hamburger Sportverein – kein weiteres Fußballunternehmen als Emittent einer Anleihe aufgetreten ist. Die meisten Vereine spielten zum Zeitpunkt der Emission in der 2. Bundesliga oder sogar der 3. Liga oder aber sie sind nach der Anleihebegebung in eine tiefere Liga abgestiegen.

Bislang wurden 14 klassische Fananleihen von elf verschiedenen Fußballunternehmen emittiert. Vorreiter in der Emission von Anleihen war im Jahr 2004 die Hertha BSC Berlin KG mbH aA, die letzte Fananleihe wurden 2014 vom MSV Duisburg begeben. Drei Vereine, Arminia Bielefeld, Hertha BSC Berlin und der 1. FC Köln haben zwei Fananleihen begeben (Abb. 3.2).

P. T. Hasler, *Anleihen von Fußballunternehmen in Deutschland*, essentials,
DOI 10.1007/978-3-658-06100-5_3, © Springer Fachmedien Wiesbaden 2014

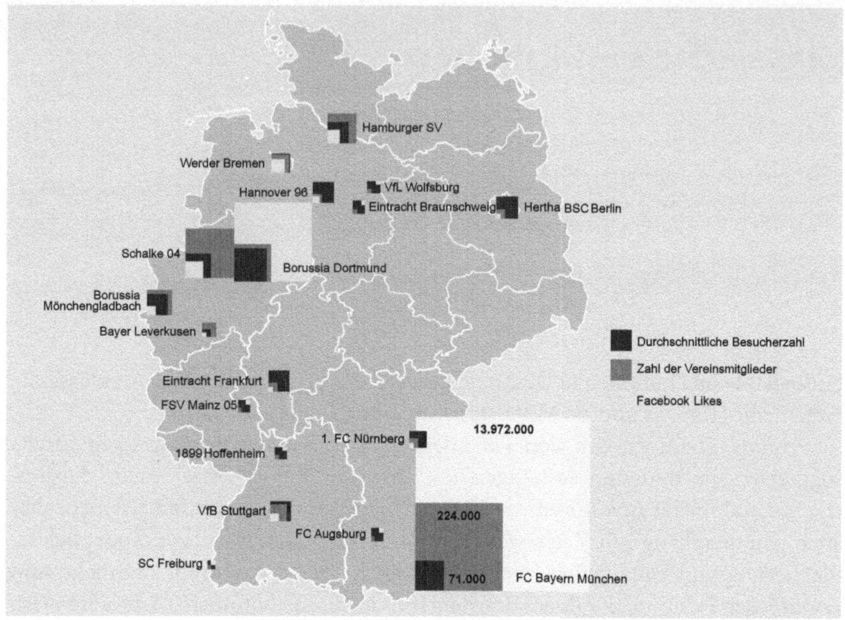

Abb. 3.1 Fan-Basis der 1. Bundesliga (Saison 2013/2014). (Quelle: Angaben der Vereine, Facebook, eigene Zusammenstellung)

3.1 Verzicht auf Börsennotierung

Soweit Fußballvereine in der Vergangenheit Fananleihen emittiert haben, erfolgte dies meist ohne Börsennotierung. Wenn eine Börsennotierung angestrebt wurde, wurde eine Notierungsaufnahme über den unregulierten Kapitalmarkt angestrebt, den sogenannten Freiverkehr. Dieser ist – anders als der Regulierte Markt – ein privatrechtlich organisierter Markt. Das Börsensegment bietet dem Emittenten die Vorteile einer börslichen Notierung, ohne sie gleichzeitig mit den Nachteilen eines regulierten Marktes zu konfrontieren, insbesondere mit der Einhaltung der zum Teil umfangreichen Zugangsvoraussetzungen und Folgepflichten. Obschon der Freiverkehr nur sehr geringe Ansprüche an den Emittenten stellt, wurden bislang nur die Fananleihen von Hertha BSC (2004) und vom Hamburger SV (2012) in den Börsenhandel aufgenommen. Den Fans aller anderen Fananleihen wurde dagegen ein vollständig illiquides Asset zugemutet, das sie während der Laufzeit des Wertpapiers nicht verkaufen können.

Verein	Liga zum Zeitpunkt der Emission	Emissionsjahr	Laufzeit (Jahre)
Hertha BSC Berlin	1. Bundesliga	2004	6
1. FC Köln	1. Bundesliga	2005	6
Arminia Bielefeld	1. Bundesliga	2006	5
Alemannia Aachen	2. Bundesliga	2008	5
1860 München	2. Bundesliga	2010	5
Hertha BSC Berlin	1. Bundesliga	2010	6
Schalke 04	1. Bundesliga	2010	6
1. FC Nürnberg	1. Bundesliga	2010	6
FC St. Pauli	2. Bundesliga	2011	7
Arminia Bielefeld	3. Liga	2011	5
Hansa Rostock	2. Bundesliga	2011	6
Hamburger Sport-Verein	1. Bundesliga	2012	7
1. FC Köln	2. Bundesliga	2012	5
MSV Duisburg	3. Liga	2013	5

Abb. 3.2 Fananleihen im Überblick. (Quelle: Angabe der Vereine, eigene Angaben)

3.2 Verzicht auf Rating

Grundsätzlich ist die Verzinsung einer Anleihe von dem mit der Anleihe oder dem Emittenten verbundenen Risiko abhängig: Je höher das mit einem Wertpapier verbundene Risiko, desto höher ist die Verzinsung, die von Investoren gefordert wird, damit er dieses Wertpapier erwirbt. Da nur die wenigsten Anleger über das fachliche Know-how verfügen, um anhand des Wertpapierprospekts und der öffentlich verfügbaren Informationen das Risiko eines Wertpapiers einzuschätzen, greifen die meisten Investoren auf die Arbeit von Ratingagenturen zurück.

Im Gegensatz zum Wertpapierprospekt, der bei einem öffentlichen Angebot verpflichtend ist, werden Fananleihen jedoch ausnahmslos ohne die Einschaltung einer Ratingagentur begeben. Damit wird eines der zentralen Elemente einer Kapitalanlage, das Risiko, nicht von einer unabhängigen Instanz bewertet. Stattdessen hat der Investor die Einschätzung des Risikos der Fananleihe selbst durchzuführen. Eine solche ist in der Praxis dem einzelnen Anleger weder möglich noch zumutbar. Nur die wenigsten – weder private Kleinanleger, noch institutionelle, professionelle Fondsmanager oder Vermögensverwalter – verfügen über das fachliche Know-how, um anhand des Wertpapierprospekts und der öffentlich verfügbaren Informationen ein zutreffendes Urteil über die Risikoklassifizierung des Emittenten und damit die an eine Anleihe anzulegende Effektivverzinsung abzugeben. Der Fan muss also darauf vertrauen, dass die ihm angebotene Verzinsung in Einklang mit dem Zins- und Tilgungsrisiko steht.

3.3 Verzicht auf Covenants

Auch Covenants, die in den Bedingungen von High Yield-Anleihen seit jeher akzeptierter Standard sind, sind bislang nicht in die juristische Dokumentation von Fananleihen eingegangen. Dies dürfte mit der Hauptgrund dafür sein, dass zum aktuellen Stichtag nur wenige institutionelle Investoren in Fananleihen investiert haben.

Diese Verweigerungshaltung der Fußballunternehmen ist umso unverständlicher, als die Aufnahme effektiver Covenants in die Anleihedokumentation für alle Parteien eine Win-Win-Situation darstellt: Covenants stärken das Vertrauen der institutionellen Investoren und reduzieren zugleich den vom Fußballunternehmen geforderten Bonitätsaufschlag. Dieser Zusammenhang konnte durch zahlreiche empirische Untersuchungen gestützt werden, die einen negativen Zusammenhang zwischen dem Umfang an gewährten Covenants und dem Bonitätsaufschlag nachgewiesen haben.

3.4 Die Vermarktung von Fananleihen

Da es sich bei Vereinen nicht um Daueremittenten handelt, kann es problematisch sein, den Emittenten und die Bedingungen der Anleihe einer breiten Öffentlichkeit publik zu machen. Damit es einem Emittenten überhaupt gelingt, genügend interessierte Anleger zu finden, sind ein gewisser Bekanntheitsgrad des Unternehmens (der bei einem Verein zweifelsohne gegeben ist) sowie zahlreiche potenzielle Investorenkontakte gefordert, wie sie etwa über die langjährige Fanarbeit aufgebaut wurden. Dies sind jedoch nur die Hygienefaktoren einer Eigenemission, bei der das Fußballunternehmen neben dem Platzierungsrisiko auch eine Reihe weiterer Aufgaben übernimmt, die mit der Platzierung einer Anleihe verbunden sind. Platzierungsstarke und auf die Begebung von Anleihen spezialisierte Wertpapierhäuser und Banken, die einen direkten Zugang zu qualifizierten Investoren anbieten und im Erfolgsfall eine Vertriebsprovision vereinnahmen, werden bei Fananleihen ebenso wenig eingeschaltet wie andere Kapitalmarktexperten, die dem Verein mit ihrem Know-how zur Seite stehen. Fußballvereine verzichten damit auf externe Kompetenzen in Bezug auf die Festlegung der Ausgestaltung der Anleihen, der Erkundung der Absatzchancen und die Gewinnung von Investoren.

Werden Anleihen nicht, wie üblich, mit Unterstützung von Banken als Fremde-mission platziert, unterbleibt das sogenannte Pre-Sounding. Während dieser etwa zweiwöchigen Phase im Vorfeld der Emission wird durch eine Befragung von In-vestoren deren Bereitschaft ermittelt, zu welchen Bedingungen sie die Fananleihe zeichnen würden. Durch die Auswertung der Ergebnisse wird ein fairer Ausgleich der Interessen des Investors und des Emittenten sichergestellt. Unterlässt ein Emit-tent das Pre-Sounding – so wie dies bei einer Eigenemission in Ermangelung von Investorenkontakten regelmäßig der Fall ist – ist er faktisch auf sich gestellt, Nomi-nalverzinsung, Laufzeit, Covenants oder Besicherungskonzepte festzusetzen. Dass dies den Vereinsverantwortlichen gewissermaßen am „grünen Tisch" nicht eben-so gut gelingen kann wie einem professionellen Debt Capital Markets-Team einer gut vernetzten Bank liegt auf der Hand. Dabei kann die nicht marktgerechte Fest-legung des Kupon drastische Folgen haben: Wird nämlich der Kupon zu hoch festgelegt, führt dies in den Folgejahren zu unnötigen Zinsaufwendungen, ist er zu niedrig, wird der Platzierungserfolg der Anleihe gefährdet. Letzteres ist bei Fußball-Anleihen keine Ausnahme: Knapp die Hälfte der bislang platzierten Fananleihen konnten Vereine bei ihren Fans nicht vollständig platzieren (Abb. 3.3).

Anleihen an den Belangen der Kapitalmarktteilnehmer „vorbeizupreisen" und diese als spezielle Fanartikel zu positionieren, erhöht die Wahrscheinlichkeit, dass das Emissionsvolumen nicht vollständig platziert wird. In Einzelfällen kann dies durchaus groteske Ausmaße annehmen: So konnten Hansa Rostock und TSV 1860 München nur geschätzte 6 % bzw. 8 % des prospektierten Emissionsvolumens platzieren. Da in den meisten Fällen eine Fehleranalyse unterbleibt und im Gegen-teil sogar der Misserfolg von den Vereinen als „Meilenstein der Vereinsgeschichte" verbucht wird[1], bleibt unklar, ob allein die marktfernen Nominalverzinsungen für die schwache Platzierung verantwortlich zu machen sind, oder auch eine unterdurchschnittliche Kapital- und Ertragslage der Vereine zum Zeitpunkt der Emission, ein schwaches sportliches Abschneiden oder auch eine rückläufige Zahl registrierter Mitglieder. Selbst die aktuelle Ligazugehörigkeit könnte für den Plat-

---

[1] So erklärte das Management von Schalke 04, als nach Ablauf der Zeichnungsfrist nur 70 % des avisierten Platzierungsvolumens eingeworben werden konnte, dass es sich bei ihrer Mit-telstandsanleihe immerhin um den höchsten, jemals erzielten Emissionserlös einer Anleihe eines deutschen Fußballclubs handelte.

Verein	Prospektiertes Volumen (Mio. EUR)	Gezeichnetes Volumen (Mio. EUR)	Platzierungsquote (%)
Hertha BSC Berlin	6,0	4,5	75%
1. FC Köln	5,0	5,0	100%
Arminia Bielefeld	3,0	3,0	100%
Alemannia Aachen	5,0	4,2	84%
1860 München	9,0	0,7	7%
Hertha BSC Berlin	6,0	3,5	58%
Schalke 04	11,0	11,0	100%
1. FC Nürnberg	6,0	6,0	100%
FC St. Pauli	8,0	8,0	100%
Arminia Bielefeld	3,0	2,0	67%
Hansa Rostock	5,0	0,3	6%
Hamburger Sport-Verein	12,5	12,5	100%
1. FC Köln	10,0	10,0	100%
MSV Duisburg	5,0	Zeichnung noch nicht beendet	

Abb. 3.3 Platzierungsergebnisse von Fananleihen. (Quelle: Angaben der Vereine, eigene Angaben)

zierungserfolg relevant sein. In jedem Fall hat die unvollständige Platzierung einer Anleihe negative Auswirkungen auf die Reputation des Emittenten, was sie langfristig auch in rückläufigen wirtschaftlichen Ergebnissen niederschlagen kann.

3.5 Zeichnung und technische Abwicklung von Fananleihen

Bei Fananleihen ist es üblich, dass diese ausschließlich über öffentliche Medien wie Zeitungen und Fachzeitschriften (u. a. 11 Freunde, Kicker), über die Homepage des Vereins, durch Fanshops, die Geschäftsstelle, das (lokale) Fernsehen und gegebenenfalls über Sonderveranstaltungen beworben und vermarktet werden. Eine klassische Finanzkommunikation, etwa über die üblichen Finanzmedien wie Handelsblatt, Börsenzeitung und F.A.Z. oder auch über spezifische Anleiheportale wie www.anleihen-finder.de, www.fixed-Income.org oder www.bondguide.de muss aufgrund der hohen Streuverluste und des fehlenden überregionalen Interesses der Fananleihe unterbleiben.

Die technische Abwicklung der stets spesenfreien Zeichnung der Anleihe erfolgt meist auf zwei Wegen: Zum einen kann der Anleger über das Online-Portal des Vereins die für eine Zeichnung notwendige Dokumentation, im Wesentlichen also Zeichnungsantrag und Zeichnungsschein, Wertpapierprospekt, Geschäftsberichte oder Imagebroschüre herunterladen, ausfüllen und an den Verein oder einen spezialisierten Intermediär faxen. Zum anderen werden häufig lokal ansässige Geschäftsbanken und Sparkassen für die Platzierung der Anleihe mandatiert. Diese übernehmen jedoch meist nur einen passiven Part in der Platzierung, der sich darauf beschränkt, die relevanten Zeichnungsdokumente in den Geschäftsstellen der Kreditinstitute auszulegen.

Sämtliche beim Verein eingehenden Zeichnungsscheine müssen anschließend gesammelt und in einer Art „Orderbuch" eingestellt werden. Im Fall einer Überzeichnung hat der Verein dann zu gewährleisten, dass dieses Orderbuch den Anleihebedingungen entsprechend auf die Interessenten zugeteilt wird. Für den Aufbau der technischen Infrastruktur und für die Abwicklung der Zeichnungen wird üblicherweise ein spezialisierter Dienstleister, in der Regel eine Zahl- und Hinterlegungsstelle, engagiert. Diese betreut den Emittenten in allen Fragen der wertpapiertechnischen Abwicklung der Emission einer Anleihe. Hierzu zählen insbesondere die Abwicklung des Zeichnungsprozesses sowie die für die Inhaber der Mittelstandsanleihe gebührenfreie (halb)jährliche Auszahlung der Zinsen (Bruttobetrag abzüglich der Kapitalertragssteuer und des Solidaritätszuschlags auf die Kapitalertragssteuer) gegen Einreichung der aufgerufenen Zinskupons sowie die Rückzahlung der jeweiligen Anleihe bei Fälligkeit (Tilgung).

Der Zeitrahmen, der für die Zeichnung einer Fananleihe veranschlagt werden muss, ist bei einer Eigenemission deutlich länger als bei einer klassischen Fremdemission, bei der ein Bankenkonsortium für die Platzierung der Anleihe verantwortlich zeichnet. In der Regel wird die vierzehntägige stückzinsfreie Zeichnungsfrist deutlich überschritten, nicht selten sogar die für ein öffentliches Angebot von Wertpapieren vorgesehene maximale Angebotsfrist von zwölf Monaten ab dem Zeitpunkt der BaFin-Billigung vollständig ausgeschöpft. Und selbst dann ist die Vollplatzierung der Anleihe nicht immer gewährleistet.

3.6 Mittelverwendung von Fananleihen

Bezogen auf die in den Wertpapierprospekten angegebene Mittelverwendung zeichnet sich ein diversifiziertes Bild. Tendenziell langfristige Investitionsprojekte, beispielsweise in den Stadionum- oder -neubau oder ganz allgemein in

Immobilien, rangieren unter den in den Wertpapierprospekten angegebenen Verwendungszwecken an erster Stelle. Maßnahmen, die die Restrukturierung der Passivseite vorsehen, werden bevorzugt von finanziell angeschlagenen Fußballvereinen mit schwacher Ertragslage und negativem Eigenkapital angegeben. Die Tatsache, dass unter den Vereinen mit den niedrigsten Platzierungsquoten auch diejenigen zu finden sind, die als Verwendungszweck lediglich pauschal „Allgemeine Liquiditätsbeschaffung" angegeben haben, sollte Vereine zukünftig von dieser Mittelverwendung absehen lassen, zumal von einem Konsum der vereinnahmten Mittel ohnehin keine konkreten langfristigen Ertragsquellen zu erwarten sind. Dass auch Investitionen in den Spielerkader nicht unbedingt durch hohe Platzierungsquoten belohnt werden, mag überraschen. Eine Erklärung könnte sein, dass Investoren in Fußball-Anleihen, überwiegend also die lebenslang ihrem Verein verhafteten Fans, aufgrund ihres sportlichen Sachverstands von der Erfolgswahrscheinlichkeit einer Spielerverpflichtung ex ante schwieriger zu überzeugen sind als etwa die rein renditeorientierten Zeichner einer Industrieanleihe, aus deren Mitteln beispielsweise Investitionen in eine neue Fabrikhalle finanziert werden sollen.

3.7 Schmuckanleihen

Eine weitere wesentliche Eigenschaft von Fananleihen besteht darin, dass sie mit der Ausgabe effektiver Stücke, sog. Schmuckanleihen kombiniert wird. Anders als der Begriff suggeriert handelt es sich bei Schmuckanleihen nicht um eine Kapitalanlage in Perlen oder Edelsteinen, sondern um ein Wertpapier, das besonders hochwertig gedruckt und aufwendig künstlerisch gestaltet ist. Im angelsächsischen Ausland sind Schmuckanleihen deshalb auch als „Ornamental Loan" oder „Artwork Bond" bekannt (Abb. 3.4).

In der Regel weisen Schmuckanleihen niedrige Nominalwerte von 100 bis 1.000 EUR auf; alternativ können sich ihre Nominalwerte auch an wichtigen Jahreszahlen des Vereins orientieren. Besonders beliebt sind dabei Schmuckanleihen mit einem Nennwert, der das Gründungsjahr des Vereins oder anderen bedeutenden Jahreszahlen repräsentiert. Häufig werden von den Vereinen verschiedene Nennwerte mit unterschiedlichen Motiven begeben, was den Fan dazu animieren soll, nicht nur eine Schmuckanleihe zu erwerben, sondern gleich einen kompletten Satz. In jedem Fall spekuliert der Emittent einer Schmuckanleihe darauf, dass diese zum Ende der Laufzeit nicht eingelöst werden, sondern als Sammlerstücke über den Fälligkeitstag

Abb. 3.4 Beispiele für Schmuckanleihen. (Quelle: Vereinsangaben)

Verein	Anteil Schmuckanleihen	Nennwert (EUR)
Hertha BSC Berlin	50%	100 bis 1.892
1. FC Köln	40%	100
Arminia Bielefeld	33%	100
Alemannia Aachen	28%	100 bis 500
1860 München	33%	150
Hertha BSC Berlin	48%	100 bis 1.892
Schalke 04	40%	100 bis 1.904
1. FC Nürnberg	38%	100 bis 500
FC St. Pauli	45%	100 bis 1.910
Arminia Bielefeld	25%	100
Hansa Rostock	60%	100 bis 1.965
Hamburger Sport-Verein	40%	125 bis 1.887
1. FC Köln	92%	100 bis 1.948
MSV Duisburg	34%	111 bis 1.902

Abb. 3.5 Schmuckanleihen im Überblick. (Quelle: Angaben der Vereine, eigene Zusammenstellung)

hinaus aufbewahrt werden[2]. Dies betrifft häufig auch die angehängten Zinsscheine, die „echte Fans" niemals von ihrer Anleihe abschneiden würden. In diesem Fall erhält der Emittent nicht nur den Emissionserlös quasi geschenkt, sondern muss noch nicht einmal die fälligen Zinsen zahlen (Abb. 3.5).

3.8 Insolvenzen von Fananleihen

Dass auch Fananleihen „nicht ganz unrisikovoll"[3] sein können, mussten spätestens die Anleger der „Tivoli-Anleihe" von Alemannia Aachen erfahren, als der Verein nach dem Zwangsabstieg in die vierte Liga Insolvenz anmelden musste. Damit ist

---

[2] Vgl. Hasler P T/Karl C (2012) S. 362.

[3] Vgl. das Bonmot des Vorstandschefs des FC Bayern München, Karl-Heinz Rummenigge, das dieser als Co-Kommentator der WM 1990 in einem anderen Zusammenhang geäußert hat.

genau der Fall eingetreten, den Alemannia-Geschäftsführer Frithjof Kraemer zum Zeitpunkt der Anleiheemission 2008 aufgrund der „finanziellen Aufstellung der Alemannia"[4] als unrealistisch eingestuft hatte.

Die Tivoli-Anleihe ist nicht das erste Wertpapier, das nicht zurückbezahlt werden konnte. Bereits 2011 konnte sich Arminia Bielefeld für die Lizenz in der 3. Liga nur qualifizieren, weil Fans die seinerzeit fällige Anleihe entweder in eine neue umtauschten oder gleich ganz auf eine Tilgung verzichteten.

In beiden Fällen konnten die Umsatzeinbußen, die der sportliche Abstieg mit sich bringt, nicht kompensiert werden. In beiden Fällen war der Abstieg in die Drittklassigkeit ursächlich für die Zahlungsunfähigkeit. Kein Wunder: Konnte beispielsweise Arminia in der 1. Liga (2006) noch Umsätze von etwa 30 Mio. € vermelden, haben sich diese in der 2. Liga (2010) auf 13 Mio. € mehr als halbiert. In der 3. Liga brachen dann die Werbeerträge um 45 % und die Einnahmen aus Fernsehrechten um 82 % ein.

---

[4] Vgl. Tivoli: Alemannias Fan-Anleihe fließt in die Insolvenzmasse, in: Aachener Zeitung vom 12.06.2013, wo dieser mit einem Satz aus dem Jahr 2008 zitiert wird.

Fußball-Mittelstandsanleihen 4

Ähnlich den beschriebenen Fananleihen enthalten auch Mittelstandsanleihen die Verpflichtung des Vereins (also des Emittenten), einen ihm zuvor von den Anlegern der Schuldverschreibung zur Verfügung gestellten Betrag während einer zuvor vereinbarten Zeitspanne zu einem vorab vereinbarten Zinssatz zu verzinsen und am Ende der Laufzeit zurückzuzahlen – eine Konzeption, die am Kapitalmarkt als Straight Bullet Bond bekannt ist. Im Gegensatz zu den meisten Fananleihen sind Mittelstandsanleihen jedoch Inhaberschuldverschreibungen, die zwingend in den Handel im Freiverkehr einer deutschen Börse einbezogen werden müssen. Diese Börsen wurden seit Anfang 2010 von der Deutsche Börse AG und einer Reihe von Regionalbörsen (mit Ausnahme von Berlin) gegründet, um Anleihe-Investoren ein Qualitätssegment zu bieten, das für Aktien-Investoren schon seit Jahrzehnten gang und gäbe ist. Diese Segmente sind namentlich der Entry Standard sowie der Prime Standard für Anleihen an der Börse Frankfurt, Bondm an der Börse Stuttgart, der mittelstandsmarkt an der Börse Düsseldorf, die Mittelstandsbörse Deutschland an den Börsen Hamburg und Hannover und m:access bonds an der Börse München (Abb. 4.1).

An den Mittelstandsbörsen hat im Juni 2012 mit Schalke 04 erstmals ein Fußballverein eine Mittelstandsanleihe an einer deutschen Börse begeben. Die Anleihe weist eine siebenjährige Laufzeit (2012–2019) auf, die Nominalverzinsung liegt bei 6,75 % und das Emissionsvolumen bei 35,0 Mio. €. 2013 wurde die Anleihe nach einer Privatplatzierung auf 50,0 Mio. € aufgestockt.

Im Gegensatz zu Fananleihen, die an unregulierten Börsen notiert sind, sind die Emittenten von Mittelstandsanleihen bestimmten Einbeziehungsvoraussetzungen unterworfen, die in Abb. 4.2 zusammengefasst werden:

P. T. Hasler, *Anleihen von Fußballunternehmen in Deutschland*, essentials,
DOI 10.1007/978-3-658-06100-5_4, © Springer Fachmedien Wiesbaden 2014

	Entry Standard	Prime Standard	Bondm	der mittelstandsmarkt	Mittelstandsbörse Deutschland	m:access
Ort und Gründung	Frankfurt Q2/2011	Frankfurt Q4/2012	Stuttgart Q2/2010	Düsseldorf Q4/2010	Hamburg-Hannover Q1/2011	München Q4/2011
Zielgruppe	Junge, wachsende und mittelständische Unternehmen	Finanzierungsbedarf > 100 Mio. Euro oder Umsatz/Bilanzsumme > 300 Mio. Euro	Industrieller und industrienaher Mittelstand	Kapitalmarktfähige Unternehmen, die Eigen- oder Fremdkapital aufnehmen	Kapitalsuchende Unternehmen aus dem Mittelstand	Mittelständische Unternehmen mit mindestens dreijähriger Historie
Rechnungslegung	HGB/IFRS	HGB/IFRS	HGB/IFRS	HGB/IFRS/US-GAAP	Keine Beschränkung	HGB/IFRS
Kapitalmarktpartner	Deutsche Börse Listing Partner	-	bondm-Coach	Zugelassener Kapitalmarktpartner	Optional	Emissionsexperte

Abb. 4.1 Die Mittelstandsbörsen im Überblick. (Quelle: Angaben der Börsen)

	Entry Standard	Prime Standard	Bondm	der mittelstandsmarkt	Mittelstandsbörse Deutschland	m:access
Prospektpflicht	Ja EU Passporting	Ja EU Passporting	Ja EU Passporting	Ja EU Passporting	Ja EU Passporting	Ja EU Passporting
Ratingpflicht	Ja, Ausnahme: Börsennotierung oder Umsatz > 300 Mio. Euro in letzten 3 Jahren	Ja, Ausnahme: DAX/MDAX-Notiz oder Umsatz > 1 Mrd. Euro in letzten 3 Jahren	Ja, Ausnahme: Notierung im regulierten Markt oder Freiverkehr	Ja	Optional	Ja, Emittentenrating
Mindestrating	Nein	Nein	Nein	Nein	Nein	Nein
Stückelung	Bis zu 1.000 Euro	Bis zu 1.000 Euro	1.000 Euro	Bis zu 1.000 Euro	Frei	Bis zu 1.000 Euro
Emissionsvolumen	Beliebig	> 100 Mio. Euro	> 25 Mio. Euro	> 10 Mio. Euro	Beliebig	> 10 Mio. Euro
Nachranganleihen	Nein	Ja	Ja	Ja	Ja	Ja
Branchenausschluss	Nein	Nein	Finanzdienstleister	Nein	Nein	Nein

Abb. 4.2 Einbeziehungsvoraussetzungen im Überblick. (Quelle: Angaben der Börsen)

4.1 Verpflichtung zu regelmäßigem Rating

Kernstück bei der Emission einer Mittelstandsanleihe stellt – wie bei einer „gewöhnlichen" Unternehmensanleihe auch – die Einschätzung der Unternehmensbonität durch eine unabhängige, EU-registrierte Ratingagentur dar. Anhand des Ratings soll eine Aussage über die zukünftige Fähigkeit und rechtliche Verpflichtung des bewerteten Unternehmens zur termingerechten und vollständigen Erfüllung von Zins- und Tilgungszahlungen getroffen und die Nachhaltigkeit des Cashflows des Unternehmens zur Bedienung der Kapitaldienste überprüft werden. Darüber hinaus soll das Rating Informationslücken zwischen dem Unternehmen und potenziellen Investoren bzw. Gläubigern schließen.

Die Schalke 04-Anleihe wurde zum Börsengang mit einem Rating von BB eingestuft. Die Ratingagentur Creditreform bescheinigt dem Verein damit eine befriedigende Bonität. 2013 erfolgte eine Herabstufung des Ratings um einen Notch auf BB-. Auf Sicht von einem Jahr war mit diesem Rating eine Ausfallwahrscheinlichkeit von 2,0 % verbunden.

4.2 Quasi Ad-hoc-Pflicht und Debt Relations

Im Gegensatz zum unregulierten Freiverkehr, bei der die Informationsbereitstellung der Emittenten der Begebung freiwilliger Natur ist, verpflichten sich die Emittenten von Mittelstandsanleihen zu regelmäßiger Informationsbereitstellung. Von besonderer Bedeutung dabei ist die sogenannte „Quasi Ad-hoc-Publizität", die das Unternehmen anhält, wichtige Informationen, die für die Kursentwicklung der Anleihe und eine Investitionsentscheidung bedeutsam sind, unverzüglich einer breiten Öffentlichkeit zur Verfügung zu stellen. Dies entbindet den Anleger zwar nicht, die Entwicklung des Unternehmens selbst kontinuierlich zu verfolgen, verschafft ihm aber die Möglichkeit, auf Ereignisse, die für die Finanz-, Vermögens- und Ertragslage wesentlich sind, unverzüglich zu reagieren.

In eine ähnliche Richtung zielt die Forderung nach einer stringenten Debt Relations-Politik, wenngleich diese in den Allgemeinen Geschäftsbedingungen der Börsen nicht explizit formuliert ist. Unter Debt Relations versteht man die Kommunikation mit den Gläubigern des Emittenten. Aufgabe der Debt Relations bei Fußballvereinen ist es, Anleihegläubiger regelmäßig mit Informationen über den Verein und seine sportlichen und wirtschaftlichen Erfolge zu versorgen. Ihr Ziel ist es, das Fußball-Unternehmen bekannt zu machen und vorhandenes Vertrauen in dessen wirtschaftlichen Erfolg zu festigen. Durch die breite Streuung der Anleihen auf eine Vielzahl von Kleinanlegern und Fans muss die Debt Relations-Arbeit eines Vereins auf einen relativ breiten Personenkreis ausgerichtet werden. Da Anleihen ausschließlich in Form von Inhaberschuldverschreibungen begeben werden, bleibt dieser, sofern die Zeichnung über eine Börse erfolgt, für den Emittenten anonym. Damit ist die Zielgruppe der Privatanleger kommunikativ nur schwer zu erreichen, selbst wenn es sich dabei – trotz fortschreitender Internationalisierung der jeweiligen Marken – vornehmlich um inländische Investoren handeln dürfte. Nur wenn die Zeichnung über die Homepage des Vereins erfolgt, kann in der Kommunikation auf Adress- oder E-Mail-Listen zurückgegriffen werden, anhand derer die Gläubiger regelmäßig mit Jahres-, Halbjahres- oder Quartalsberichten oder weitergehendem Informationsmaterial versorgt werden können.

Soweit die Theorie. Analysiert man jedoch die gelebte Debt Relations-Politik der meisten Fußballvereine, bekommt man den Eindruck, dass die Vereine vor dieser Arbeit unmittelbar nach Zeichnungsschluss kapitulieren und die Kommunikation mit ihren Anlegern komplett einstellen. Bereits bei der Beantwortung der Frage, ob und in welchem Umfang Gläubiger mit Finanzinformationen versorgt werden sollen, für Investoren also ein klassischer Hygienefaktor, stehen nicht wenige Vereine im kommunikativen Abseits: Mit Ausnahme von Schalke 04 ist es aktuell bei keinem Verein möglich, in einem speziell für Anleihegläubiger ausgerichteten E-Mail-Verteiler aufgenommen zu werden. Andere, wie etwa der HSV, haben bereits am Tag nach der Vollplatzierung ihrer Anleihe sämtliche Hinweise auf die für die Zeichnung erforderlichen Dokumente – Wertpapierprospekt, Anleihebedingungen oder Geschäftsberichte – von ihrer Homepage getilgt. Dass diese Einstellung kurzfristig ausgelegt ist, zeigen die Vereine, die eine Zweitanleihe platziert haben. Ihre Platzierungsquoten liegen ausnahmslos unter denen der Erstemission. Da man davon ausgehen kann, dass die Erstemission mit wesentlich höherer Unsicherheit verbunden ist und ein Verein bei der Zweitemission auf die regelmäßige Zinszahlung und die erfolgreiche Rückzahlung der ersten Anleihe verweisen kann, hätte man das genaue Gegenteil erwarten können.

4.3 Mitwirkung eines Kapitalmarktberaters

Ein gravierender Unterschied zur klassischen Fananleihe ist die verpflichtende Mitwirkung eines Kapitalmarktberaters, der von der jeweiligen Börse zugelassen sein muss. Er ist für die Feststellung der Anleihefähigkeit des Unternehmens und die Strukturierung der Anleihe verantwortlich, also die Höhe der Verzinsung,

	Entry Standard	Prime Standard	Bondm	der mittelstandsmarkt	Mittelstandsbörse Deutschland	m:access
Ort der Veröffentlichung	Internetseite des Unternehmens	Internetseite des Unternehmens und der Börse	Internetseite des Unternehmens	Internetseite der Börse	Internetseite der Börse	Internetseite des Unternehmens
Jahresabschluss und Lagebericht	Testiert innerhalb von 6 Monaten	Testiert innerhalb von 4 Monaten	Testiert innerhalb von 6 Monaten	Testiert innerhalb von 6 Monaten	Testiert innerhalb von 6 Monaten	Nur Kernaussagen
Halbjahresabschluss und Zwischenlage- bericht	Innerhalb von 3 Monaten	Innerhalb von 2 Monaten	Innerhalb von 3 Monaten	Innerhalb von 3 Monaten	Nein	Nein
Quasi Ad-hoc Mitteilungen	Ja	Ja	Ja	Ja	Ja	Ja
Unternehmensportrait	Ja	Ja	Ja	Ja	Ja	Ja
Finanzkalender	Ja	Ja	Ja	Ja	Ja	Ja
Jährliches Folgerating	Ja	Ja	Ja	Ja	Nein	Ja
Veröffentlichung von Bilanzkennzahlen	Ja, Ausnahme: Börsennotierung oder Umsatz > 300 Mio. Euro in letzten 3 Jahren	Ja, Ausnahme: DAX/MDAX-Notiz oder Umsatz > 1 Mrd. Euro in letzten 3 Jahren	Nein	Nein	Nein	Nein
Jährliche Investorenkonferenz	Nein	Ja	Nein	Nein	Nein	Ja
Sprache Berichterstattung	Deutsch oder Englisch	Deutsch oder Englisch	Deutsch	Deutsch	Deutsch	Deutsch

Abb. 4.3 Folgepflichten. (Quelle: Angaben der Börsen)

Zinstermine, Laufzeit, Stückelung und gegebenenfalls Covenants oder Besicherungselemente. Seriöse Berater führen häufig auch einen Stresstest der wichtigsten Einflussfaktoren auf die Cashflow- Entwicklung durch, um die Belastbarkeit der Liquidität und Solvenz des Vereins zu analysieren. Nach der Anleiheplatzierung besteht die Aufgabe des Beraters darin, die Einhaltung der Folgepflichten sicherzustellen und den Emittenten gegebenenfalls auf Verstöße aufmerksam zu machen. Bei der Anleihe von Schalke 04 wurde die Emission von der Frankfurter equinet Wertpapierhandelsbank begleitet, die auch für die Platzierung der Anleihe verantwortlich war.

Weitere Folgepflichten des Emittenten nach Aufnahme des Handels sind in Abb. 4.3 zusammengefasst:

Fazit 5

Die emotionale und dauerhafte Bindung der Fans zu ihrem Verein hat zur Folge, dass sie der Zeichnung einer Fußball-Anleihe eine ähnliche Wertschätzung zuteilwerden lassen wie etwa dem Stadionbesuch oder dem Erwerb von Merchandisingprodukten. Letzten Endes führt die emotionale Bindung von Fans zu ihrem Verein sogar dazu, dass die aus der Anleihe erwarteten Renditeziele nicht das Ergebnis rationaler Überlegungen sind, sondern bis zu einem bestimmten Grad auf den intrinsischen Motiven der Anhänger basieren.[1] Dies dokumentiert sich nicht zuletzt an dem hohen Anteil an Schmuckanleihen, die bei Fananleihen regelmäßig ausgegeben werden. Bei ihnen hat der Anleger die Wahl: Will er den Fanartikel unbeschadet behalten, muss er auf das Abtrennen der Zinsscheine und damit auf die jährliche Zinszahlung oder gar auf die Rückgabe der Urkunde verzichten. Die aus Fan-Motiven geleitete Anlageentscheidung hat damit unmittelbar Einfluss auf die zukünftige Vermögenssituation des Gläubigers. Doch die Loyalität der Fans ist endlich: Die aus einem dauerhaften sportlichen Misserfolg hervorgerufene Erosion der Fan-Solidarität ist ein potenzieller Risikofaktor für die Platzierung von Fußball-Anleihen.

Fußballfans, die eine Fußballanleihe auch unter Renditegesichtspunkten erwerben, werden einem Verein ihr Kapital nur dann zur Verfügung stellen, wenn sie dessen Management vertrauen. Die Gewinnung des Anlegervertrauens ist daher immer dann wichtig, wenn die Finanzierung eines Vereins auf eine breitere Grundlage gestellt werden soll, wenn also beispielsweise die Aktionärsbasis verbreitert oder neue Investorengruppen etwa bei der Begebung einer Anleihe angesprochen

---

[1] Vgl hierzu Korthals J P (2005) S. 19.

P. T. Hasler, *Anleihen von Fußballunternehmen in Deutschland*, essentials,
DOI 10.1007/978-3-658-06100-5_5, © Springer Fachmedien Wiesbaden 2014

werden sollen. Dieses Vertrauen kann aber nur durch eine stetige, langfristig ausgerichtete Kommunikation mit den Zielgruppen aufgebaut werden. Ein kurzfristiger Aktionismus im Vorfeld der Anleiheplatzierung, etwa in Form von Hochglanzbroschüren oder Anzeigenschaltungen, ist für einen dauerhaften Erfolg an den Kapitalmärkten auf keinen Fall ausreichend.

Literatur

DFL Deutsche Fußball Liga GmbH (2014) Report 2014: Die wirtschaftliche Situation im Lizenzfußball. Frankfurt a. M.

Hasler PT (2013) Unternehmensanleihen simplified. Finanzbuchverlag, München

Hasler PT, Karl C (2012) Mittelstandsanleihe-Report H1/2012: Trends, Entwicklungen und Ausblick. Corporate Finance Biz 7:358–362

Hasler P, Launer MA, Wilhelm MK (Hrsg) (2013) Praxishandbuch Debt Relations. Springer Gabler, Wiesbaden

Korthals JP (2005) Bewertung von Fußballunternehmen: Eine Untersuchung am Beispiel der Fußballbundesliga. Deutscher Universitätsverlag, Zürich

Küting K.-H, Strauß M (2011) Finanzielle und bilanzielle Krisenstrategien im Profifußball. Der Betrieb 47:2613–2621

Veblen TB (2011) Theorie der feinen Leute: Eine ökonomische Untersuchung der Institutionen, 2. Aufl., Fischer, Frankfurt

Weimar D, Fox A (2012) Fananleihen als Finanzierungsinstrument von Sportclubs? Eine Bestandsaufnahme am Beispiel der Fußballbundesliga. Corporate Finance Biz 4:181–187

P. T. Hasler, *Anleihen von Fußballunternehmen in Deutschland*, essentials, DOI 10.1007/978-3-658-06100-5, © Springer Fachmedien Wiesbaden 2014